ediciones**carena**

LOS POEMAS DE MARYUMA

ENRIQUE IBAVILLE

Primera edición: septiembre de 2024

© Enrique Ibaville, 2024

© Ediciones Carena, 2024

Ediciones Carena
c/Alpens, 31-33
08014 Barcelona
T. 934 310 283
info@edicionescarena.com
WWW.EDICIONESCARENA.COM

Diseño de la cubierta: Kaicy Orellana

Depósito legal B 14903-2024

ISBN 978-84-19890-82-5

Impreso en España - Printed in Spain

Niños y niñas son aquello
que los adultos queremos que sean.

Para qué Maryuma crezca feliz,

chapoteando en los charcos del mundo, tras la lluvia.

PRESENTACIÓN

Los poemas de Maryuma es una narración lírica para recrear poéticamente mis sentimientos ante los primeros años de vida de mi nietecita, Maryuma, utilizados como disculpa para hablar de mis miedos ante la incomprensión del mundo volátil e incierto que me rodea, que será el suyo, y en el cual tendrá que vivir y desarrollarse hasta alcanzar la edad adulta.

Y tienen como objetivo que, a través de sus páginas, el lector se rocíe con ese suave y perfumado olor a almizcle floral de los bebés, lleno de vida y sabiduría, llamado juego, por el que transcurre diariamente el aprendizaje del mundo infantil, antes de que la influencia del miedo de los adultos lo desactive con la sombría frondosidad del ramaje de su arboleda. Cuya colonización, mediante el flagelo con sus creencias emocionales y culturales de *«autojodimiento crucifixional»*, abatirá la patria infantil. Ese florido jardín paradisiaco de goce diario que como un murmullo nutritivo da inicio a la vida lleno de imprevisibles descubrimientos y ausente de miedos, que se caracteriza por las ganas de jugar a todas horas. Abandono que les llevará a un infeliz florecimiento; los niños, a ocupar el soleado y bien regado espacio central, y las niñas, el del regado periférico en penumbra, lo que hará que, finalmente, cuando tengan que conquistar su lugar en la aventura humana del mundo, broten dos realidades diferentes, lo que afectará al desarrollo evolutivo, social y emocional de la vida futura de cada uno de ellos.

EL AUTOR

ÍNDICE

MARYUMA

MARYUMA

Este niño pequeño no tiene cuna,
su padre es carpintero, le va a hacer una.

En «Nana de Sevilla», de Federico García Lorca

Para la pequeñita Maryuma, con cariño.

I

El 14 de enero del 2021,
en un hospital público de Barcelona,
una semana después de lo previsto y en plena pandemia,
Maryuma fue obligada a abandonar por cesárea
ese cálido nido en el que todos los humanos
permanecemos unidos a nuestra madre
a través de la placenta.
El pecho de su progenitora fue lo primero
a lo que se aferró con ansiedad glotona,
para poder sobrevivir en esa realidad

de la que se le obligó a formar parte.
Desde entonces se prende a él con suaves
gemidos, noche y día,
como un gatito indefenso,
esperando que el amparo de la leche materna
le proporcione el calor y el alimento diario
que le permita ir adaptándose
al desarrollo evolutivo
al que la naturaleza nos somete diariamente
a los humanos,
ajena de que a pesar de haber nacido en España,
no es todavía considerada ciudadana española
en toda regla, sino tunecina,
lugar de nacimiento de sus dos progenitores.
Con ese impuesto encierro familiar
de procedencia legal
al continente africano,
Maryuma me trae a la memoria
la mítica historia de que hubo un tiempo
en el que toda la humanidad hablaba
el mismo idioma,
por ser todos originarios comunes
de un mismo continente.

II

Algún día, cuando en su imaginario,
ahora en construcción,
encuentren refugio
las palabras
que hablaban de ese paraíso
que a toda la humanidad hermanaba
y a nadie diferenciaba,
a mí ya se me habrá pasado el tiempo concedido
y me habré visto obligado a partir sin quererlo
hacia ese misterioso espacio inabarcable
que es la nada.
Quién sabe si para entonces,
el virus más destructivo del planeta,
los humanos,
habrá dejado de ser arrastrado por la fuerza
de la corriente,
cambiado el rumbo de la nave
y modificado la partitura de la orquesta,
para redirigirla a fondear
en ese bello, antiguo paraíso perdido
de la civilización humana,
donde habitaba la razón que hizo posible
que nos convirtiésemos en humanos.

LOS PASITOS DE MARYUMA

LOS PASITOS DE MARYUMA

Para Maryuma, en la Nochevieja del 2021.

Embutida en un suave trajecito
de acaracolados pelitos,
como un pequeño corderito blanco de peluche
travieso y juguetón,
apoyada en un carrito de color verde,
el color de la esperanza,
Maryuma ha comenzado entre risas
y aplausos de sus padres
a dar los primeros pasitos,
este final de año de pandemia.
Hoy ha cumplido once mesecitos y medio
y avanza con la ilusión ingenua
de poder llegar solita a buscar el refugio
de los brazos de su madre,
donde un angelical yogurcito de merienda le espera,
que ingerirá a pequeñas cucharaditas
de las que a veces se adueña y otras expulsa,
entre cabeceos, pucheritos y pausados
soplidos de repulsa,
que harán caer perezosamente

los restos del yogur,
al blanco baberito que cuelga de su cuello,
para deprisa volver a repetir el inocente juego
de dar pasitos apoyada en su carrito verde.
Mientras, en la tribal Cataluña de los prodigios,
la tarde invernal va apagando sus ojos
lentamente
llevándonos a la noche incierta
de inicio de un nuevo año,
que nos obligará a dar otra vuelta de tuerca
a la puerta de esa editorial personal
que es la memoria,
y ser capaces de dar nuestros primeros pasitos
como Maryuma,
con la esperanza de que en este mundo
insolidario
el nuevo año sea menos sombrío que el anterior.

RECORDANDO LOS PRIMEROS
BALBUCEOS DE MARYUMA

RECORDANDO LOS PRIMEROS BALBUCEOS DE MARYUMA

A, e, i, o, u.
No fueron esas inocentes primeras letras balbuceadas,
como ligera lluvia anunciadora de la llegada de la primavera,
con las que entre confusas e indefinidas,
para denotar pena o alegría,
Maryuma nos obsequió.
Más bien fueron grititos alargados
entremezclados entre risas alborozadas
que ni eran todavía siquiera
semilla de palabra,
musicados con el trastabillado trasiego
de sus todavía inseguros pasitos.
Haciendo afinar el oído a la familia
para intentar comprender
el lenguaje de ese idioma naciente.
Sonidos tiernos, semejantes a los balidos
de un corderito indefenso perdido
en la inmensidad de la noche en busca de cobijo,
y que a nosotros nos inundaban de alegría,
convirtiéndonos en cariñosos adivinos
intérpretes de un juego sonoro.
Dijo pa-pá. No, no, parece que dijo ma-má.

Dijo ique,
porque decir Enrique, decía yo,
que quería ponerme un tanto poético
al declinar el día,
es todavía para ella
como una granizada súbita entre lluviosas
rachas de viento huracanado.
Y así pasábamos las tardes felices, entre risas
y aplausos a Maryuma por sus esfuerzos
para hacerse entender,
dándonos a toda la familia
un respiro de esperanza y confianza
para soñar, entre brumas y cánticos,
que tal vez en algún momento,
susurrando al viento podríamos
tirar de la silenciosa trama del lienzo
del lenguaje poético
para desentrañar las rimas y metáforas,
de la barbarie civilizada,
con la que quieren que comulguemos,
transubstanciada en civilización humana.

POMPAS AL VIENTO

POMPAS AL VIENTO

Maryuma ha aprendido, a sus 17 mesecitos,
cómo convertir la transparente espumilla
del jabón de un pequeño juguetito
en multitud de bulliciosas pompas de jabón iridiscentes.
Estrellitas aladas que, al igual que frágiles
mariposillas multicolores,
son arrastradas caprichosamente por el viento,
hacia los cielos,
haciendo las delicias de unos cuantos pequeñuelos,
que, embrujados por la simplicidad y ligereza
de las pompas de jabón, las persiguen,
para, antes de que se disuelvan en el aire,
darles caza y destruirlas a manotadas,
entre risas, tropiezos y caídas.
Saludándose felices tras su éxito,
ajenos todavía al color de piel, ojos,
pelo o procedencia de sus amiguitos de hazaña,
y acompañados por la sonrisa complaciente
de algunos familiares cercanos.
Quién sabe cuándo los adultos,
nos atreveremos a ahogar en el olvido
las falsas creencias culturales,
forjadoras de inducidas identidades de *autojodimiento*
para ser como ellos:

pajarillos felices, aprendiendo a volar
saltando solos fuera del nido
para perseguir la libertad de las inútiles
pompas de jabón iridiscentes.

UN NUEVO DESPERTAR
PARA MARYUMA

UN NUEVO DESPERTAR
PARA MARYUMA

Cando penso que te fuches
negra sombra que me asombras,
ó pe dos meus cabezales
tornas facéndome mofa.

«NEGRA SOMBRA», DE ROSALÍA DE CASTRO

Para Mayte, en el primer aniversario de su muerte.
Y para Maryuma, en el segundo aniversario de su nacimiento.

I

Sigue la vida, pasan los días, llegan los años.
Maryuma, en la edad de la inocencia,
es ajena todavía al rito de la primera mentira,
que hace unos setenta años,
mi familia, la sociedad en la que nací

y el nacionalcatolicismo de la escuela española
nos inculcaron a mi hermana Mayte y a mí,
limpiar bien los zapatitos
la noche anterior a Reyes,
para recibir muchos juguetes.
También es ajena a la existencia
de ese ansiado cielo
al que dicen que algunos van.
Ni de ese otro siniestro invento humano
de dioses, diablos, guerra, hambre y delitos.
Ni de lo que sí es verdad,
que la madre naturaleza está en guerra
contra los humanos,
que es por eso por lo que nos agrede,
despertando un pálpito de *ecoansiedad*
que esta modificando nuestro carácter.

II

Maryuma, en este su segundo añito,
vive feliz jugando y gozando del juego,
dentro de este gran laberinto de espejos
cambiantes que es la vida,
indiferente al miedo que late
en los interrogantes de los incendios
apocalípticos de la memoria de los adultos.
Pasan los días, pasan los años, sigue la vida,
el fuego sigue, nunca se apaga
en las visiones apocalípticas de los espejos
del laberinto de la memoria de los adultos.

MIS PASEOS CON MARYUMA

MIS PASEOS CON MARYUMA

La guerra, el hambre y las religiones,
igual que el mal,
nunca descansan en el mundo.
Otro año imprevisible sometido
a las caprichosas leyes del azar,
para continuar mi aprendizaje
paseando con Maryuma,
en estas primeras semanas de su segundo
añito de vida.
Y aunque comenzó con bastante frío,
lo que es normal en invierno,
ella siempre está dispuesta a que le den paseítos,
como si el clima para nada le influyese,
ya que pasear, para la pequeña Maryuma,
no solo es aprendizaje, también es vida.
Paseítos que, aunque a nadie de la familia apetezcan,
siempre consigue que se conviertan
en una realidad luminosa,
gracias a sus gimoteos y a su inocente mirada
cargada de chiribitas.
Y es que en este lento oscurecimiento
de vivir muriendo, aparentando felicidad,
y mirar sin querer ver
en el que los adultos vivimos,

la mirada inocente de Maryuma
nos obliga a sus padres y a mí
a mirar la realidad con una luz
más tranquila y brillante,
en el lento pasear
por ese camino otoñal de aguas turbulentas
que es la vida.

MARYUMA EN EL MERCADILLO

MARYUMA EN EL MERCADILLO

Viene el invierno llorando,
igual que llora el presente
para jóvenes y viejos.
Solo fue bueno el pasado,
cuando, corriendo ligeros,
siempre casi sin pensarlo,
íbamos, entre risas y gritos de verdadera alegría,
jugando a pisar los charcos
antes de que se evaporasen,
por las calles de un bonito mercado
abarrotado de tentadoras promesas,
al igual que la pequeñita Maryuma va,
sin ceremonial alguno y con repentina prisa,
a coger ese globo luminoso
en forma de flotante estrella
que ha descubierto de pronto,
en medio de un mercadillo
antes de que desaparezca.
Sueño de bebé impensado y libre
pleno de luz y felicidad,
que provoca ruidosos lloros
de lucha y enfrentamiento contra aquellos
que queremos ayudarle a que reforme
el desenlace del cuento,

para evitarle el peligro
que vea la oscuridad
cuando se extinga el aura
que siempre envuelve los cuentos
de los globos de colores
con apariencia de estrella.
Por ello reivindico ahora,
con nostalgia melancólica,
esa edad de la ignorancia
en la que inconscientes del valor
de nuestros actos
volábamos hacia una tierra de cuento
plagada de luminosas estrellas
plenas de luz y felicidad
chapoteando en los charcos,
cuando para nada sabíamos
que éramos los herederos
de la sanguinaria tribu de los hijos de Caín,
y quiero seguir durmiendo
sin que el reloj me despierte
a fin de no tener que ver caer diariamente
hojas teñidas de sangre inocente,
ya que me distanciarían
de concluir felizmente
el hermoso sueño que tuve,
pensando que los juguetes que nuestros
padres pusieron,
junto a unos gastados zapatos
lustrados con nuestra saliva,
nos los trajeron los Reyes Magos de Oriente.

CANCIONES INFANTILES

CANCIONES INFANTILES

La vaca Lola, la vaca Lola,
tiene cabeza y tiene cola,
y hace ¡muuu!

Cantar y comer.
Jugar, soñar y después dormir
para volver a jugar,
así transcurren muchas tardes
de la pequeña Maryuma, a punto de cumplir
dos añitos y medio,
en este caluroso inicio de verano del 2023.
Mientras,
nadie sabe cómo programar un tratamiento
efectivo para detener los estragos
del crónico parásito mental
de hambre, guerra, muerte y destrucción
que anida en el cerebro de la desnuda
familia humana
desde el origen de los tiempos,
Solo los pueriles canto a coro con Maryuma de
«¡La vaca Lola, la vaca Lola!»,
acompañado de otras inocentes canciones infantiles,
con miaus, beees, guaus, cuacs
y kikirikis finales,

nos sirven como semilla para tener
unos momentos de respiro y risas,
sirviéndonos al tiempo como sedación al dolor
del recuerdo de esa infancia perdida
en la que creíamos habitar un país surcado
por aguas limpias, alfombrado de campos verdes,
por los que paseaban príncipes buenos
y princesas hermosísimas.
Mientras, Maryuma,
ajena a ese dolor, se lleva sus dos manitas
a la cabeza y, dándonos la espalda,
baja la izquierda para señalar el rabito
de la traviesa Lola.
Lo que obligará a toda la familia a emitir
un sonoro e inocente ¡muuu!
de compartida alegría
para dar punto final al mágico momento.
Inocentes tardes de verano a la sombra,
entre sorbito y sorbito de un dulzón
té verde con almendras
o una horchata bien fresquita,
vagando solos
entre el laberinto de los espejos rotos
de nuestra partitura,
con la pegadiza musicalidad
de las canciones infantiles,
siempre al borde de despertar de nuestro sueño
por no saber hacia dónde dirigirnos,
si hacia los locos o hacia los niños,
para descubrir el sentido hacia el que va

el país que habitamos
y el mundo que nos rodea.
«¡La vaca Lola, la vaca Lola,
tiene cabeza y tiene cola
y hace muuu!».

LOS JUEGOS DE MARYUMA

LOS JUEGOS DE MARYUMA

I

Entre risas y parloteos,
ajena al calor, el frío, el dolor o la enfermedad,
incansable en su corta vida de bebé de dos años y medio,
Maryuma nos invita,
con su liberada lengua de trapo multilingüe
y sus alegres baileteos cascabeleros,
a entrar en el mágico universo del mundo infantil.
Un manantial del que brota el sentido
de la vida, y en el que el futuro no existe.
Solo cuando, rendida por el sueño,
se apaga su risa bulliciosa
y la madre cariñosamente le quita
sus pequeños zapatitos
para arroparle en su cunita
como un algodonoso corderito indefenso,
somos conscientes de que el bienestar
que nos mantenía atados a los inocentes
juegos de Maryuma,
al igual que una tierna y mimosa
farmacopea hipnótica,

se va diluyendo lentamente
con el caer de la tarde.
Obligándonos a volver a calzar
nuestras viejas zapatillas arrinconadas
de una vida hosca de hule, esparto,
horca y cuchillo,
que año tras año ha ido cincelando
los resquebrajamientos
del deterioro emocional
de unos cuantos niños de posguerra,
roídos de penas, dolores y pocas alegrías.

II

Cuando, finalmente,
por la lógica de su crecimiento evolutivo,
se vea obligada a abandonar
la sana realidad
de las vivencias de ese mundo infantil
para convivir aceptando
la insana fantasía de los mitos compartidos
del mundo de los adultos,
tal vez florezca, entre los avatares de su memoria,
que hubo un tiempo
en el cual en la mansa penumbra
de un atardecer cualquiera
filtrándose la luz de la luna por la ventana,
a través de los traviesos cosquilleos
de unos visillos alborozados
por las caricias de una brisa jugetona,
y muy a pesar de la invención humana del mal,
de la consideración de la violencia
como algo natural
y de la llegada de los gritos velados
de dolor de un mundo en extinción,
que hubo momentos en los que la semilla
de los juegos inocentes
de su pletórico mundo infantil

nos hizo felices,
sembrando de alegría
ese sombrío camino de silencios
que es la vida.

EL TAMBOR, LA FLAUTA Y LA PANDERETA

EL TAMBOR, LA FLAUTA
Y LA PANDERETA

Viviendo ajenos a cualquier tipo
de censura política, como todos los bebés viven,
y todavía desconocedores de la caza
genocida de niños y adolescentes,
por los ángeles del ejército sionista fascista israelí
movilizados por Luzbel
en el gueto de Gaza.
Maryuma a punto de cumplir tres añitos,
como una mariposilla fascinada y libre,
en busca de los destellos de la luz,
juega incansable, a veces lanzando
un globo al aire para sacarlo de la oscuridad;
en otros momentos, repiqueteando
un viejo tambor
que a sus padres y a mí nos obliga a salir
presurosos de la felicidad
de una placentera somnolencia digestiva dominical,
al tiempo que entre risas inocentes
nos invita a tocar su flauta y pandereta,
para acompañarla en esa
su orquestada llamada infantil al despertar.

En el televisor nos hablan de cohetes
y muertes de cientos de miles de inocentes
ciudadanos, ancianos, niños y niñas,
a los que sus cazadores
consideran no solo que no son merecedores
de ser tildados de seres humanos,
sino también
que debemos prescindir de nuestro
cerebro «para asumir la indecencia con
naturalidad y no dejar que los
sentimientos interfieran negativamente
en la interpretación de lo que estamos
viendo hacer»,
convirtiéndonos así en muertos vivientes.
Mientras, en estas fiestas difíciles
de soportar de la felicidad navideña,
en la soledad de un sombrío atardecer
de finales de diciembre,
el cansino villancico
de «Belén, campanas de Belén…»,
como si fuese un pan hecho de hostias,
retumba entre una algazara de cohetes
de destrucción y muerte
que nos obliga a recordar
que este año, en Belén,
ya no brillan en el cielo estrellas,
ni van pastorcillos bondadosos
a llevar requesón, manteca y miel
al Niño Jesús, hijo del cielo,
ni los Reyes Magos a ofrecerle sus regalos;

solo miles de ángeles del mal
le dan la bienvenida,
a la luz de esa algazara criminal de cohetes
que, surcando el cielo,
dejan al caer sangre y cuerpos
desmembrados que se pudrirán
bajo toneladas de escombros,
para dar sentido al pueblo de Israel
de la invención de una tierra
a la que llaman prometida,
enjabonándose con el mito de la fábula sagrada.
Mientras, en el mundo cristiano
las zambombas tañen como diciendo
«¡Despertad, despertad!».
En este nuevo amanecer,
la fábula sionista ya no simula ser honrada,
ni buena, ni sagrada,
se ha convertido en una guerra grosera
y corrompida contra la humanidad
matizada por lerdos valores
de tinte hitleriano.
Bajo la bandera del Estado de Israel,
en este siglo XXI,
«el fin justifica los medios».
¡Belén, campanas de Belén!
que malas nuevas traéis,
anunciando que la escoria sionista
programa un pronto final
de colectivas cenizas
para el pueblo gacetí.

ANNA MYRIAM AWAD

SALVADORA DE LA MEMORIA FAMILIAR

ANNA MYRIAM AWAD

Salvadora de la memoria familiar

Al salir dejé la niñez en el cajón
y sobre la mesa de la cocina
puse el caballito de juguete
en su bolsa de plástico.

En «Dejando atrás la niñez», de Musab Abu Toha,
poeta y escritor palestino gacetí

Esperando la muerte,
como un pajarillo inocente quemado vivo
por racimos de bombas israelíes,
aleteando al viento entre un charco
de sangre y gritos angustiados para reclamar
ayuda y compasión.
Cubierta por el polvo en el que los
bombardeos habían convertido su casa;
enseguida comprendió que la muerte
por inanición era el destino que los dioses del mundo,

le habían reservado.
Y mientras la compasiva muerte,
más humana que las aceradas uñas
que siembran el odio y siegan la luz de los ojos inocentes,
iba durmiendo con amoroso mimo
el dolorido saco de heridas,
en el que el bombardeo israelí
había convertido su cuerpecito,
fue contándonos la extinción de su familia.
Primero murió el abuelo.
No pudo resistir la destrucción de sus olivos
por el asedio a sed y hachazos al que los terroristas colonos
sionistas los sometieron.
Pocos días después, entre el dolor que le produjo
la muerte del abuelo y la falta de alimentos
a los que estábamos sometidos por nuestros invasores,
murió de inanición la abuela.
La siguiente en desaparecer de la familia
fue mi tía,
que, acusada de terrorista por no querer
abandonar su casa para ser ocupada
rápidamente por colonos sionistas,
la sacaron a la fuerza de ella,
y tras patearla le dieron entre risotadas
un tiro en el pecho, dejando que se fuese
desangrando lentamente,
sin que pudiésemos hacer nada
para reclamar una ambulancia.
La cuarta fue mi madre que, embarazada,
sin agua y sin alimentos, murió en el parto,

con el hermanito que llevaba dentro de su vientre.
Luego les tocó el turno de la muerte
a mis dos hermanitos pequeños,
Josep y Jusein, de cuatro y seis años, respectivamente,
a quienes, pidiendo como pajarillos desnutridos
agua y pan, no pudimos darles
porque la arribada de alimentos
no se permitía llegasen hasta nosotros.
Finalmente le tocó el turno a mi padre,
que fue tiroteado por intentar llevarme
a un hospital para que fuese curada
de las heridas que me produjo el bombardeo de mi casa.
Ahora sola, a mis nueve años,
entre cadáveres amontonados a mi alrededor,
y bombardeos que no paran,
sin nada que llevarme a la boca ni un suave
rocío que calme mi sed,
sé que yo seré la última de mi familia
que desaparecerá en este gueto-horno crematorio
al aire libre de Gaza.
Por lo que pido a la muerte que, para no sufrir,
me apunte en su lista cuanto antes.

Esta
primera
edición de
Los poemas de Maryuma,
de Enrique Ibaville, ha sido
impresa con papel ahuesado,
de 80 gramos. Se ha utilizado
la tipografía Garamond Pro.
Se terminó de imprimir en Re-
prográficas Malpe, en Getafe
(Madrid), en el mes de sep-
tiembre del año 2024.